Vente du Samedi 1er Mai 1886
HOTEL DROUOT, SALLE No 2
A DEUX HEURES

BEAU MOBILIER

Ameublements d'antichambre
Salle à manger, grand Salon, deux Chambres à coucher
Cabinet de toilette

MAGNIFIQUES TENTURES

BRONZES D'ART ET D'AMEUBLEMENT

Fournis en partie par la maison BARBEDIENNE

TABLEAUX attribués à DELACROIX, COROT, DIAZ

OBJETS D'ART ET DE CURIOSITÉ

Piano de Pleyel, Coffre-Fort, Tapis

BEAUX BIJOUX

ENRICHIS DE PERLES FINES, BRILLANTS, SAPHIRS

ARGENTERIE, ÉVENTAILS

EXPOSITION PUBLIQUE

Le Vendredi 30 Avril 1886, de 1 heure 1/2 à 5 heures 1/2

Mᵉ ESCRIBE | M. A. BLOCHE
COMMISSAIRE-PRISEUR | EXPERT
rue de Hanovre, no 6 | rue Chauchat, no 23

PARIS — 1886

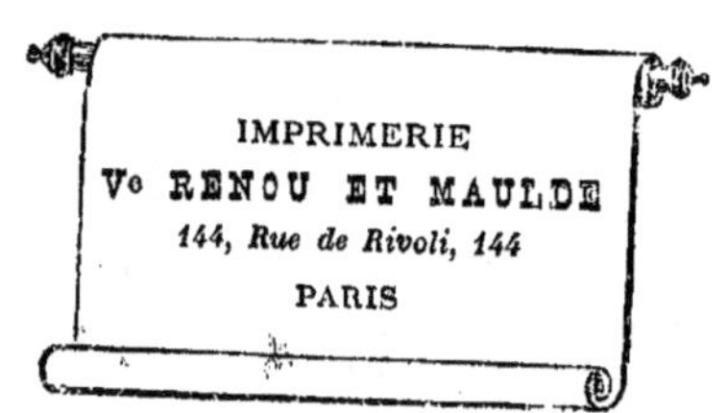
IMPRIMERIE
Vᵒ RENOU ET MAULDE
144, Rue de Rivoli, 144
PARIS

CONDITIONS DE LA VENTE

—

Elle sera faite au comptant.

Les Acquéreurs paieront, en sus des adjudications, CINQ CENTIMES PAR FRANC applicables aux frais.

Aucune réclamation ne sera admise une fois l'adjudication prononcée.

DÉSIGNATION

BIJOUX

Rivière composée de cinquante-cinq brillants.

Belle broche en brillants, roses et saphirs, composée de trois plumes réunies par un nœud.

Deux Boutons d'oreilles, composés chacun d'un brillant solitaire.

Broche, en forme de feuille, en brillants et ornée de trois fruits, formés chacun par une perle, une blanche, une grise et une rose.

Bracelet, Bague, paire de Boutons d'oreilles et Pendant de cou en brillants, enrichis de perles grises, blanches et roses.

Bracelet, enrichi d'un saphir et deux brillants.

Bague, forme trèfle, en brillants, saphir et turquoise.

Bracelet en brillants.

Deux Épingles à cheveux, garnies de brillants.

Bague, œil-de-chat entouré de brillants.

Bague, émeraude entourée de brillants.

Bague, forme marquise, composée de cinq saphirs entourés de vingt brillants.

Demi-Parure en turquoises, demi-perles et roses.

Bague, perle entourée de brillants.

Paire de Boutons d'oreilles, composés chacun d'une perle ronde, avec pendant composé d'une perle poire avec calotte en roses, suspendue à un ornement en roses surmonté d'un brillant, et avec deux pampilles d'un petit brillant.

Broche sphinx et Épée en or émaillé, perle baroque et roses.

Bracelet, gourmette en roses avec chaton, composé d'une perle entourée de dix brillants.

Paire de Boutons d'oreilles, composés chacun d'un brillant central isolé et entouré de dix brillants.

Bracelet, enrichi de onze gros brillants.

Bracelet en or et émail, avec plaque d'une intaille entourée de roses.

Demi-Parure coquilles en onyx, enrichie de perles et roses.

Grande Broche flèche, avec rosace et nœuds de rubans, enrichie d'une grosse perle, de brillants et de roses.

Flacons en argent et émail.

Trois Éventails ornés de peintures.

ORFÉVRERIE

Porte-Huilier, Bouts-de-Table, Salières, Moutardiers, Cafetières, Légumiers, Boîte à thé et Pièces diverses pour services de table, en argent.

Deux beaux Vases en argent ciselé, d'Odiot.

MEUBLES ET TENTURES

ANTICHAMBRE

Banquette à dossier en bois sculpté, style Renaissance.

Table Louis XIII en bois sculpté.

Deux Chaises, même époque, recouvertes en cuir repoussé.

Porte-Parapluie, Buffet, etc.

Portière en étoffe orientale et autres.

SALLE A MANGER

Très bel Ameublement de salle à manger en bois noir incrusté d'ivoire, composé d'un grand Buffet à deux corps, le bas à quatre vantaux pleins décorés de sujets allégoriques, le haut à crédence, s'ouvre à deux vantaux à glaces et deux vantaux pleins, deux petits Dressoirs, une grande Table rectangulaire décorée de sujets à figures et arabesques, et douze Chaises couvertes en peluche.

Décoration de croisée en peluche violette.

PETIT SALON

Sièges et Tentures en étoffes orientales.

Joli Secrétaire en laque.

Table à thé, de même travail.

GRAND SALON

Beau Meuble de salon en soie brochée, fond rose, peluche loutre et soie bleu clair.

Confident à trois places en soie bleu clair brochée et peluche loutre.

Deux Décorations de croisées et de baies en soie rose brochée, soie bleu clair brochée et peluche loutre.

Piano à queue de Pleyel en palissandre.

Bonheur-du-Jour à étagère en marqueterie de bois.

Guéridon et Étagères en peluche, Supports en bois doré et bois noir, Liseuse en bois noir.

CHAMBRE A COUCHER

Très bel Ameublement de chambre à coucher en bois doré et peluche mousse, composé d'un beau Lit de milieu en forme de coquille ou char marin, en bois sculpté, doré et décoré de peinture, une superbe Tenture de chambre avec décor de lit, une Croisée, trois Portières et une Cheminée en peluche mousse doublée en satin rose, une Chaise longue en bois sculpté et doré et peluche mousse, un Fauteuil assorti, deux Chaises lyres en bois sculpté, laqué et peint, couverte en satin rose, une Table de nuit en bois sculpté et doré couverte en peluche et satin.

CABINET DE TOILETTE

Tenture en moquette style oriental.

Décoration de croisée et quatre Portières en même étoffe.

Chaise longue, Fauteuil et Chaise en même étoffe.

Armoire à trois vantaux en bois laqué, grande Toilette, etc.

Beau Bureau en marqueterie de certosine.

2ᵉ CHAMBRE A COUCHER

Ameublement de chambre à coucher en bois noir, composé de : Lit, Table de nuit, Toilette et Chiffonnier.

Petit Coffre-Fort dans son enveloppe en bois noir.

Décoration de lit, de croisée et de portières en imitation de tapisserie.

BRONZES

Deux grands Lampadaires en composition à figures de Chinois et Chinoise, supportant des lampes placées dans des vases.

Jardinière sphérique en métal argenté sur pied en bois sculpté, style Renaissance.

Belle Suspension en bronze ciselé et nickelé à deux lampes et quatorze lumières (système à gaz).

Petite Garniture de cheminée en bronze ciselé et gravé, style oriental, composé d'une Pendule et deux Candélabres.

Plusieurs beaux Groupes en bronze d'après Clodion, Sevenier et autres.

Très belle Garniture de cheminée en marbre et bronze composée d'une Pendule surmontée d'une statuette en bronze (le Chanteur florentin), et deux Candélabres, forme vase (fournie par la maison Barbedienne).

Bronze Chinois et Japonais.

Galerie, Chenets, Pelles et Pincettes.

Lustres et Appliques à gaz.

TABLEAUX & OBJETS D'ART

TABLEAUX attribués à *Eugène Delacroix, Corot* et *Diaz*.

Autres Tableaux et Dessins modernes par et d'après divers artistes.

Petite Garniture de cheminée en porcelaine de Saxe.

Vases, Cornets, Coupes et Plats en porcelaine de Saxe, de Chine et du Japon, Faïences hispano-mauresques, italienne, persane, de Marseille, etc.

Boîte en porcelaine de Naples, décorée de sujets mythologiques en relief.

Statuettes en terre cuite.

TAPIS, LITERIE, ETC.

Tapis en moquette.

Peau de lionne et Peau d'ours noir.

Bonne Literie.

Meubles de chambres de domestiques.

Vve RENOU et MAULDE, imprimeurs de la Cie des Commissaires-Priseurs, rue de Rivoli, 144.   500—67850